AF728317

DÉPOT LÉGAL
HÉRAULT
N° 60
1888

DISCOURS

Prononcés le 23 Février 1888, à Montpellier

AUX OBSÈQUES

DU

GÉNÉRAL PERRIER

MONTPELLIER
TYPOGRAPHIE ET LITHOGRAPHIE CHARLES BOEHM
IMPRIMEUR DE L'ACADÉMIE DES SCIENCES ET LETTRES,
DE LA SOCIÉTÉ LANGUEDOCIENNE DE GÉOGRAPHIE,
DU CONSEIL GÉNÉRAL DES FACULTÉS.
10, RUE D'ALGER, 10.

1888

L27 n
37671

DISCOURS

Prononcés le 23 Février 1888, à Montpellier

AUX OBSÈQUES

DU

GÉNÉRAL PERRIER

MONTPELLIER
TYPOGRAPHIE ET LITHOGRAPHIE CHARLES BOEHM
IMPRIMEUR DE L'ACADÉMIE DES SCIENCES ET LETTRES,
DE LA SOCIÉTÉ LANGUEDOCIENNE DE GÉOGRAPHIE,
DU CONSEIL GÉNÉRAL DES FACULTÉS.
10, RUE D'ALGER, 10.

1888

Ln27
37671

DISCOURS PRONONCÉS

AUX

OBSÈQUES DU GÉNÉRAL PERRIER

La cérémonie religieuse a été présidée par M. le pasteur Gachon, président du Consistoire de Montpellier.

Après la lecture de passages des Saints-Livres et la prière d'usage, M. le pasteur Gachon a rappelé avec émotion l'amitié qui le liait au Général PERRIER, *dont il avait partagé les premières études au Lycée de Nimes ; ensuite il s'est exprimé en ces termes :*

DISCOURS

DE M. LE PASTEUR GACHON

La tristesse que j'éprouve n'a pas pour seule cause mon affection personnelle pour celui qui n'est plus. Elle en a une autre plus désintéressée et plus élevée.

Connaissant mieux le Général PERRIER, je sens mieux ce que la France perd en le perdant. C'est d'abord l'Armée qui fait en lui une grande perte. Ce n'est pas à moi à retracer la brillante carrière militaire du Général PERRIER. D'autres, plus autorisés, rappelleront tout ce que le pays lui doit, quels services il a rendus, quel vide immense il laissera. Qu'il me suffise de dire ici que le Général PERRIER a servi son pays doublement, à un double titre : comme savant et comme soldat ; par son courage particulièrement sur les champs de bataille de Metz, dans la fatale et terrible année 1870, et par ses travaux dans les Corps savants, par les missions importantes qu'il a remplies en Allemagne, en Amérique, en Italie, en Espagne, en Afrique. Qu'il me suffise de dire surtout que PERRIER était un patriote ardent, un de ceux dont le cœur saigne toujours des blessures de la patrie. C'est son patriotisme qui lui inspirait l'ardeur qu'il apportait à ses travaux ; c'est lui qui a soutenu jusqu'à la fin ses forces défaillantes ; c'est lui qui lui faisait envisager avec une véritable tristesse la pensée d'une retraite, d'un repos qu'il voyait bien lui être nécessaires, mais devant lesquels son patriotisme reculait, «Que de beaux travaux j'aurais encore à faire !» nous disait-il il y a à peine quelques jours.

La mort du Général PERRIER est aussi une perte pour notre Église protestante. Le Général aimait cette Église : il l'aimait non pas seulement d'instinct, parce qu'il y était né ; il l'aimait d'un amour réfléchi, raisonné ; il croyait à la vérité de son principe et à l'utilité de son action. Nature religieuse au fond, bien que peu porté aux spéculations théologiques, le Général PERRIER, avec sa large intelligence, comprenait à merveille la haute importance de la religion et la nécessité de son influence pour l'éducation morale des hommes. Il était plein de respect pour le sentiment religieux et pour toutes ses manifestations légitimes, plein d'admiration et d'amour pour cet idéal moral si beau, si sublime, que l'Évangile montre et propose aux hommes. Aussi ne refusait-il jamais sa sympathie et son concours à celles de nos œuvres religieuses dont il aimait l'esprit et dont il approuvait le but.

Il y a quelques années, un bon nombre de protestants de Paris ayant fait appel à son dévouement et à ses lumières, il répondit avec empressement à leur appel et fut leur candidat aux élections du Consistoire de Paris pour l'importante paroisse de Pentemont.

Je ne le voyais pas une fois qu'il ne s'entretînt avec moi de la manière la plus sérieuse des grands intérêts du Protestantisme, et je ne saurais oublier en ce moment, comme témoignage de ses sentiments religieux, qu'il y a à peine quelques jours, dans la dernière conversation que nous eûmes ensemble, il s'informait avec une sollicitude touchante de l'instruction religieuse de son fils qu'il m'avait confiée, et qu'il me priait de lui donner aussi forte et aussi étendue que possible.

Je crains, en vérité, en m'abandonnant ainsi à mon cœur, de vous parler trop longuement de celui que nous pleurons. Je sais que le prédicateur chrétien n'est pas ici pour faire le panégyrique d'un homme, si éminent ou si excellent que soit cet homme ; je n'oublie pas, d'ailleurs, que devant Celui qui seul est saint, seul est parfait, les meilleurs d'entre les hommes ne sont qu'imperfection et que misère ; et pourtant laissez-moi, après vous avoir parlé du protestant, du savant, du soldat, vous dire aussi un mot du parent, de l'ami, de l'homme enfin.

Quelle nature aimante et aimable que celle de Perrier ! quelle cordialité ! quelle bonté ! que de vraie tendresse se cachait, pour ainsi dire, dans son cœur, sous une rondeur toute militaire qui lui donnait encore plus de charme ! Parmi ceux qui m'écoutent, il en est, je le sais, qui l'ont connu, comme moi, depuis sa jeunesse et qui l'ont suivi, comme moi, dans la vie ; eh bien ! qu'ils disent si, comme moi, ils n'ont pas toujours retrouvé en lui le bon camarade d'autrefois, affectueux, sympathique, toujours accessible aux plus modestes d'entre nous, toujours empressé et toujours heureux de leur être utile ? Que de preuves je pourrais apporter de cette bonté délicate du Général Perrier, si je ne craignais d'insister plus qu'il ne convient ici sur les mérites de l'homme, et aussi d'être obligé de parler de moi-même en parlant de celui qui n'est plus !

Laissons donc ici l'homme ! Laissons à Celui qui seul connaît bien l'homme, parce que seul il sait de quoi il l'a fait, le soin de le juger, de peser à l'exacte balance de son éternelle justice, d'un côté ses vertus, ses mérites, de l'autre ses imperfections, ses misères ; demandons-lui, pour celui que nous perdons, de ne lui tenir compte que des uns et d'étendre sur les autres le manteau de sa miséricorde, et nous, recueillons-nous un moment devant la parole divine, et demandons à Dieu qu'il nous donne d'emporter de ce lieu, où tout nous parle de la mort, une plus ferme espérance en la vie éternelle.

Ainsi, c'est fait ! Cet homme jeune encore et devant qui s'ouvrait un avenir riche d'espérances et de promesses magnifiques, cet homme est maintenant couché dans cette bière ! Il marchait : la mort l'a arrêté ! Il montait de degré en degré, il s'élevait ; déjà il touchait au sommet : elle l'a précipité ! Et maintenant, de ces efforts, de ces travaux, de ces succès, de ces espérances, pour lui du moins, il ne reste rien, plus rien désormais... plus rien !...

Est-ce vrai ? est-il bien vrai que le mot, le dernier mot de toute activité, de toute destinée humaine, soit ce mot amer, désespéré de l'Ecclésiaste : Vanité, néant ! néant, vanité ? Non ! cela n'est pas vrai. Certainement il reste quelque chose. Il reste ce qu'il y a de plus précieux dans notre nature : cette force intelligente, cette volonté libre, cette personnalité morale, cette âme enfin, qui constitue (elle vraiment et non pas le corps) la créature humaine; voilà ce qui reste.

Oh ! je sais qu'une philosophie aujourd'hui en faveur désapprouve cette affirmation, qu'elle trouve téméraire, risquée ! Oui ! une philosophie qui se croit positive voudrait nous interdire toute recherche, et, à plus forte raison, toute affirmation sur l'origine et sur la fin des êtres, et, par conséquent aussi, sur notre propre origine et notre propre fin.

Pourquoi, nous dit cette philosophie, pourquoi vouloir porter curieusement vos regards au delà de la tombe ? Pourquoi vouloir curieusement savoir ce qu'il y a au delà ? Respectez ce voile que Dieu a mis devant vos yeux, et que vous ne pouvez ni soulever ni percer ! Ayez le courage de vous résigner à ignorer ce que vous n'avez nul moyen de connaître ! Eh bien ! non, décidément non, nous ne pouvons pas nous rendre à ces conseils, nous ne pouvons pas nous résigner à cette ignorance, à cette indifférence sur la question suprême de notre destinée finale. Nous croyons que le positivisme, qui nous conseille cette indifférence comme le dernier mot de la sagesse, fait violence à la nature humaine, qui ne supportera pas longtemps cette violence-là ; nous croyons que cette question qu'on voudrait que notre esprit s'interdît à lui-même est justement celle qui l'attire le plus et s'impose le plus invinciblement à lui. Nous croyons que la réponse chrétienne à cette question, c'est-à-dire la foi à la vie éternelle, est naturelle à l'âme, fait partie intégrante de la nature morale de l'humanité ; nous croyons qu'elle n'est pas, comme on veut bien le dire, un simple produit de l'imagination, un simple effet du désir égoïste que nous avons de vivre, qu'elle est un postulat de notre nature morale et de notre vie morale ; nous croyons que cette foi a pour elle toutes ces traces d'intelligence, de raison, de sagesse que nous trouvons à chaque pas dans la nature, et que, par conséquent, plus l'homme connaîtra la nature, plus il se connaîtra lui-même, plus il réalisera son être vrai, c'est-à-dire son être moral, plus sa foi en l'immortalité s'affermira et se changera en une bienheureuse certitude.

Cette certitude-là, ô notre Dieu ! cette certitude sans laquelle nous serions les plus malheureuses des créatures, cette certitude sans laquelle la vie ne vaudrait pas la peine d'être vécue, affermis-la, produis-la toi-même en nous par ton esprit, en sorte que, dès à présent, nous travaillions, nous aimions, nous vivions en vue de la vie éternelle !

O Dieu ! nous ne nous séparerons pas maintenant sans te demander tes bénédictions précieuses. Bénis, ô Dieu, bénis tout ce qui nous est le plus cher ici-bas ! Bénis d'abord, nous t'en supplions, la France, notre patrie ! Protège-la, conduis-la, garde-la ! Donne-lui de nombreux serviteurs, de nombreux défenseurs, intelligents, dévoués, vaillants comme celui qu'elle vient de perdre.

Bénis la noble Armée française que nous aimons parce qu'elle est comme la chair de notre chair et la gardienne de ces deux biens, l'indépendance et l'honneur, sans lesquels il n'y a pas de peuple !

Bénis notre Église ! Bénis toutes les Églises chrétiennes et donne-leur, à toutes, d'accomplir dans la concorde et dans la paix leur œuvre de régénération morale des âmes, selon l'esprit de Jésus-Christ et par la vertu de son Évangile !

Bénis et console cette famille si cruellement affligée. Console surtout cet enfant ; supplée, par tes directions, aux directions si éclairées du père si tendre et si aimé qu'il a perdu ! Bénis-nous tous, et donne-nous, à tous, de marcher ici-bas jusqu'à la fin, sans perdre de vue, au milieu des choses visibles qui sont passagères, les invisibles qui sont éternelles !

DISCOURS

DE

M. LE GÉNÉRAL BARON BERGE

Commandant le XVIe Corps d'Armée,

Représentant le *Ministre de la Guerre.*

Messieurs,

C'est avec le sentiment d'une profonde douleur que je viens, au nom du Ministre de la Guerre et de l'Armée entière, dire un dernier adieu et rendre un dernier hommage à l'homme éminent qu'un coup fatal nous a enlevé.

Les regrets unanimes de l'Armée ne s'adressent pas seulement à l'Officier général qui a figuré avec honneur sur ses champs de bataille. Ils s'adressent au savant qui, connu et apprécié dans toutes les Académies du monde, avait su se faire dans les régions les plus élevées de la science une place unique. Ils s'adressent à celui que la voix publique a désigné quand il a fallu entreprendre la restauration de l'un de nos grands services militaires.

La compétence incontestée de Perrier, le prestige de

ses succès, son tact parfait et sa connaissance des affaires aplanirent les obstacles. Il fit rendre aux services topographiques les crédits qui leur avaient été longtemps refusés. Sous son impulsion, le Département de la Guerre se trouva doté d'un outillage dont la perfection n'est dépassée nulle part. De vastes magasins se remplirent de collections sorties de ses presses et soigneusement cataloguées. En les montrant, il pouvait dire avec un légitime orgueil qu'il était prêt à guider l'Armée française chez elle et partout ailleurs. Sur le fronton de ce sanctuaire du savoir et de la patience, il aurait pu faire inscrire la fière devise : *Ubique quo fas et gloria ducunt.*

Mais ce n'est pas à lui-même qu'il eût fallu demander de constater le service rendu En l'accompagnant dans les galeries qui étaient son œuvre, on était sous le charme de son affabilité et d'une bonne grâce qui ne se démentaient jamais. Nombreux étaient ses admirateurs, non moins nombreux étaient ses amis.

Beaucoup d'entre eux m'écoutent, enfants comme lui de cette région qui lui était chère et dont il défendait les intérêts avec tant d'ardeur. Beaucoup le pleureront partout où règne la Science, et au premier rang de ces amis désolés se placent ces Officiers distingués, affectionnés et dévoués, qui formaient autour de lui une famille.

Je voudrais pouvoir pénétrer avec eux dans le domaine de la Science ; mais je laisse à une voix plus autorisée que la mienne le soin de vous dire quels sont les monuments scientifiques qui, survivant à notre époque, resteront les titres de gloire de Perrier. Ils formeront le précieux héritage de ce fils unique qu'il adorait, de ce jeune fils qui, lors qu'il entrera dans l'Armée, trouvera chez tous ses membres la même bienveillance affectueuse que ses jeunes prédécesseurs étaient certains de rencontrer quand ils étaient accueillis par son illustre Père.

DISCOURS

DE

M. LE GÉNÉRAL BORSON

Commandant la 31e Division.

MESSIEURS,

La mort si soudaine du Général PERRIER nous a tous douloureusement surpris et émus. Le Général Commandant le 16me Corps, avec l'autorité qui lui appartient, vient de nous dire quelle perte l'Armée a faite. Celle de la Science n'est pas moindre, et il convient de la rappeler dans ce suprême hommage à celui qui n'est plus.

Cette mission revenait, de droit, aux officiers du Service Géographique accourus ici pour rendre les derniers devoirs à celui qui fut leur chef et leur maître, et dont ils ont été les collaborateurs dévoués. Ils ont voulu me faire partager avec eux ce triste honneur. Sorti, comme le Général PERRIER, des rangs de l'ancien corps d'État-Major, j'ai été jadis son chef; je ne l'ai jamais perdu de vue dans sa carrière, je suis resté jusqu'au bout son ami. C'est à ce titre que je me crois autorisé à mêler à mes regrets personnels quelques-uns des souvenirs de sa vie scientifique, si prématurément brisée.

Un grand nombre d'entre vous, Messieurs, ont connu Perrier, Colonel ou Général de brigade, Membre de l'Institut, Président d'un Conseil général, devenu par son mérite et ses services un des hommes qui illustrent leur pays. Plus rares sont ceux qui ont été témoins des débuts de sa carrière. C'est cependant la phase de la vie où se dessinent le caractère, les aptitudes, la volonté, tout ce qui fera un jour l'homme.

En remontant à plus de vingt-cinq ans en arrière, je me rappelle le capitaine Perrier et nos premières relations. Il était alors attaché à la Section géodésique du Dépôt de la Guerre. Il prit part en 1861 et 1862, sous la direction du colonel Levret, l'un des derniers survivants de l'illustre corps des Ingénieurs Géographes, à la mesure des triangles jetés sur le Pas-de-Calais pour opérer la jonction des réseaux trigonométriques de France et d'Angleterre. Dans cette entreprise, deux Commissions étaient en présence, composées : l'une d'ingénieurs anglais, l'autre d'officiers français. Perrier soutint la lutte avec la science du polytechnicien servie par la vigueur d'exécution et la précision qui le distinguaient; mais l'outillage scientifique des officiers français était imparfait et suranné. « La comparaison fut écrasante, écrit »Perrier; j'en fus si profondément frappé que je résolus, »dès lors, de consacrer ma vie à la régénération du Ser»vice géodésique de l'armée, si tristement tombé en »défaillance ».

Ce n'est pas ici le lieu, Messieurs, de dire les raisons de cet état de choses, qui tenait aux circonstances bien plus qu'aux hommes. Le corps des Ingénieurs Géographes avait été dissous et versé dans le corps d'État-Major, dont les préoccupations s'étaient tournées presque exclusivement vers son métier militaire. La tâche assumée, à l'origine, par le Dépôt de la Guerre semblait d'ailleurs accomplie. La géodésie de la carte de France était terminée; celle de la Corse avait été exécutée en 1863 par Perrier, qui la rattacha au continent; quant à celle qui restait à entreprendre en Algérie pour y asseoir les levés topographiques, on ne voulait y voir qu'une œuvre d'exécution pratique.

C'est dans ces conditions si peu favorables que Perrier prit l'initiative de tout un programme de travaux d'une haute portée. Ce programme comprenait :

En Algérie, la triangulation géodésique, y compris la mesure de deux bases de près de 10 kilomètres de longueur, l'une à l'Ouest vers la frontière du Maroc, l'autre à l'Est vers celle de la Tunisie, destinées, avec celle d'Alger, à appuyer la chaîne primordiale du parallèle algérien. — Des opérations astronomiques dans huit stations principales pour servir à une étude plus approfondie de la figure et des dimensions du globe terrestre ;

En France, la revision des grandes opérations faites au commencement du siècle pour la détermination des bases du Système métrique, afin de mettre ces mesures au courant des progrès de la science.

On devait enfin réaliser ce vœu d'Arago et de Biot, qui pouvait passer pour un rêve au commencement du siècle : prolonger jusqu'en Afrique et même jusqu'aux confins du Sahara le grand arc de méridien qui, des îles Shetland au Nord par l'Écosse, l'Angleterre et la France, descend vers l'Espagne ; franchir à cet effet la Méditerranée avec des triangles de près de 300 kilom. de côté ; enfin relier cette chaîne à l'arc du parallèle algérien qui s'étend du Maroc à la Tunisie.

L'exécution de ce programme a été, on peut le dire, l'œuvre de la vie de PERRIER, celle à laquelle il consacra vingt-cinq années au milieu d'autres sollicitudes et d'autres travaux.

Disons-le hautement, Messieurs, comme le plus grand hommage rendu à sa mémoire : il avait promis de consacrer sa vie à relever la Géodésie française, dans l'acception la plus large du mot ; il a tenu parole.

Cette science, selon lui, est de l'ordre le plus élevé, puisqu'elle touche à la physique du globe. Il ne s'agit plus désormais, pour elle, d'emprunter simplement à l'astronomie les positions géographiques d'une station de départ et de s'en servir pour déterminer celles de tout un réseau ; elle doit multiplier les stations de comparaison. Elle élève, à cet effet, jusque sur des sommets à peine accessibles, des observatoires improvisés ; elle y transporte des instruments de précision pour les observations astronomiques. Elle se sert tour à tour de l'électricité et de la lumière solaire pour projeter, au moyen d'appareils optiques, des faisceaux lumineux à de grandes distances et assurer ainsi les visées de jour et de nuit dans des conditions de précision inconnues de nos devanciers. Après avoir comparé les résultats tirés des mesures célestes avec ceux déduits de la triangulation, elle met en évidence les irrégularités dans la figure de la Terre et apporte de nouveaux éléments à la connaissance exacte des dimensions du globe.

PERRIER donnait le nom d'Astronomie géodésique à ces opérations destinées à servir de complément aux travaux de triangulation.

Une Association géodésique internationale, composée d'astronomes et d'officiers des différentes nations, s'est constituée pour coordonner leurs réseaux géodésiques, les soumettre aux mêmes exigences de précision, les fusionner dans un plan d'ensemble, et arriver ainsi à des conclusions d'une portée générale pour la physique du globe.

La France pouvait-elle se dispenser de prendre part à ces grandes assises de la Science ? Si elle entrait dans ce concert européen, qui serait délégué pour y représenter la Géodésie et prendre des engagements qui comportaient de longues années de travail et une réorganisation du service, comme personnel et comme instruments d'observation ? Qui assumerait la tâche de reconstruire cet édifice de la Géodésie française, dont la majestueuse ordonnance ne pouvait plus désormais masquer les parties en ruines ? Vous avez, Messieurs, déjà répondu à ces questions : ce fut PERRIER.

Son activité se révèle sous toutes les formes : il marche droit au but avec une énergie virile, sans se laisser arrêter par les difficultés des temps ni déconcerter par des conseils timides.

Dès 1861, il avait obtenu *comme une faveur* de rompre avec les anciens errements et d'inaugurer les nouvelles méthodes d'observation et de calcul. Il fait exécuter sous sa direction, pour la mesure des angles, un instrument, chef-d'œuvre de la science et de l'art, et auquel il apporte de nombreux perfectionnements. Sur ses instances, le Bureau des Longitudes intervient, en 1869, auprès du Maréchal Niel, Ministre de la Guerre, et réussit à obtenir de lui la revision de la grande Méridienne de France. Dès 1873, encore simple capitaine, il est appelé à faire partie de ce Conseil illustre pour y représenter le Ministre de la Guerre. On reconnaît ici ce dévouement à la science, cette passion dans les recherches qui distinguent les hommes dont le génie domine les événements, triomphe des obstacles et appelle sur leur nom la célébrité.

C'est dans les nombreux volumes du *Mémorial du Dépôt de la Guerre* que sont consignés les travaux astronomiques et géodésiques de Perrier. On retrouve dans le texte dont il a accompagné les observations et les calculs, et dans la *Notice sur ses travaux scientifiques*, publiée en 1879, l'indication et la marche du vaste plan dont il poursuivait l'exécution. A chaque étape de son œuvre, il constate, avec une sorte de fierté, les résultats obtenus. Jamais satisfaction plus légitime ! Comme le voyageur arrivé au sommet de la pente qu'il a gravie, il contemple les grands horizons de la science, il aspire l'air vivifiant de ces régions sereines, pour y puiser de nouvelles forces.

Ainsi, après avoir organisé en 1877, sous le patronage du Bureau des Longitudes, un observatoire, annexe de celui de Montsouris, afin d'y former les officiers de la Géodésie aux observations les plus délicates, il ajoute :

«La France pourra reprendre le rang qu'elle a longtemps »occupé, et auquel elle a droit de prétendre dans les »grandes entreprises géodésiques».

Après avoir terminé la triangulation d'Algérie, et l'avoir rattachée, d'une part à celle de l'Espagne, de l'autre à celle de l'Italie, «Elle servira, dit-il, de ferme»ture à cette immense ceinture qui entoure la Méditer»ranée, la franchissant deux fois, pour unir l'Afrique »à l'Europe, l'Algérie à la France».

Après la détermination géodésique et astronomique de l'arc du parallèle algérien de près de 10 degrés d'amplitude, commencé par le capitaine Versigny, il ajoute : «Nous apportons, à titre de contribution à l'étude de la »Terre, la mesure d'un arc de parallèle dont la longueur »dépasse celle de la méridienne entre Dunkerque et Per»pignan. C'est le premier arc de cette espèce qui puisse »concourir, avec les grands arcs méridiens d'Europe et »d'Asie, à une étude définitive de la terre».

En rendant compte de la jonction de l'Espagne et de l'Algérie par-dessus la Méditerranée, exécutée de concert avec les Ingénieurs espagnols, il fait remarquer que ce sont là les plus grands triangles mesurés jusqu'ici. Ils ont, en effet, des côtés dont les longueurs dépassent 257 et 270 kilom., et le rapprochement des triangulations espagnole et algérienne, sur un côté commun de plus de 105 kilom. de longueur, accuse un écart de moins de 8 décimètres.

Ce seul résultat permet d'apprécier la perfection des procédés et l'habileté des opérateurs.

La guerre de 1870, où PERRIER fit noblement son devoir de soldat, avait interrompu la nouvelle mesure de la grande Méridienne de France. Dès 1871, il se remet au travail ; c'était là son œuvre de prédilection : «Elle évoque, dit-il, de glorieux souvenirs, et l'on comprendra que nous ayons été séduit par la pensée de reprendre l'œuvre des Picard, des Cassini, des Delambre et des Méchain, avec les moyens perfectionnés d'observation et de calcul que la science possède aujourd'hui».

Après neuf années consécutives d'observations, il atteint la base de Melun, c'est-à-dire les deux tiers du travail dont l'année 1889 devait voir la fin. «L'œuvre immortelle de nos maîtres, dit-il, est mise en harmonie avec les besoins de la science».

Bien que cette énumération des travaux de PERRIER soit très incomplète, je ne puis passer sous silence la mission qu'il accomplit en 1882, où il se rendit dans l'Amérique du Nord, avec ses deux fidèles collaborateurs, le commandant Bassot et le capitaine Defforges, pour y étudier un phénomène céleste qui tenait en suspens le monde savant. Il en revint, souffrant des premières atteintes du mal qui devait altérer sa santé et abréger sa vie. Je mentionnerai aussi la part prépondérante qui lui revient dans la création d'un établissement d'un grand intérêt pour la région du Midi, pour celle du littoral, et pour Montpellier en particulier. Je veux parler de l'Observatoire météorologique de l'Aigoual. Cette entreprise était chère à son cœur ; elle le rattachait à ces montagnes des Cévennes où il était né, et aux souvenirs de son enfance.

Si je ne me trompe, Messieurs, ces citations et ces faits font connaître Perrier, restaurateur de la Géodésie française, avec ses larges vues d'ensemble, son énergie et sa persévérance ; mais ce n'étaient pas là les seuls dons de cette nature, riche comme le sol qui l'a vu naître. Sa science n'était pas celle dont l'austérité touche à la sécheresse, isole l'homme de la société et le rend peu propre au maniement des grandes affaires.

Appelé par les suffrages de ses concitoyens à la Présidence du Conseil Général du Gard, il montrait dans la discussion des questions d'intérêt public un tact et une intelligence rares, qui semblaient marquer sa place dans les grandes Assemblées du pays.

Doué d'une parole claire et facile, pleine de charme et je dirai d'*humour*, il savait captiver son auditoire, tout en traitant les matières les plus arides. Pendant les cinq années où il professa à l'École supérieure de Guerre, il avait ajouté à sa réputation de savant celle d'un maître dans l'art de la parole. Son caractère ouvert, dont la cordialité n'excluait pas la finesse, attirait la sympathie ; sa bonne humeur était faite de simplicité et de grâce méridionale. Homme du monde, bon camarade, il alliait la bienveillance naturelle à l'autorité de l'intelligence, du caractère et de l'exemple, sans laquelle son action fût restée inféconde. Ses aptitudes spéciales l'avaient poussé dans la voie scientifique, et il faut s'en féliciter pour la gloire de la France et pour les grandes œuvres auxquelles il a attaché son nom. S'il eût porté son activité vers les questions militaires, j'ai la conviction que son sens droit, son intelligence claire et rapide, sa connaissance des hommes, lui auraient acquis une brillante réputation dans l'art de la guerre. Tel il a été jugé d'ailleurs par les officiers généraux qui l'ont vu de près en 1870 et 1871 sur les champs de bataille de Metz et de Paris. L'homme de courage et d'énergie se retrouve dans ces quelques lignes relatives à la triangulation d'Algérie :

« Six années, dit-il, passées sous la tente dans des ré»gions malsaines ou peu accessibles ont été consacrées à »ce travail. L'insurrection des Arabes en 1864, le typhus »et le choléra en 1866, la famine en 1867 et 1868, ont »fait courir (à la Mission) les plus grands dangers. Deux »de nos camarades sont morts, l'un de la fièvre, l'autre »d'une insolation. »

Placé depuis quelques années à la tête du Service géographique de l'Armée, Perrier, dont la santé s'était altérée, dut partager son activité et son temps entre la science et les devoirs attachés à la direction de cette institution de premier ordre. Il avait été élu membre de l'Académie des Sciences en janvier 1880 ; né le 18 avril 1833, il n'avait pas alors 47 ans. Nommé Général de brigade au mois de janvier 1887, ce grade lui avait enfin donné une situation en rapport avec ses services et avec le rôle qu'il remplissait, comme Délégué français, dans les congrès scientifiques de l'étranger.

Sa promotion fut accompagnée de circonstances qui figureront parmi ses titres de gloire, et que je ne puis rappeler ici sans émotion. Une députation de l'Institut se rendit, en corps, auprès du Ministre de la Guerre, pour le prier de donner à la Science française une satisfaction si impatiemment attendue. Dans la haute Commission des Commandants de Corps d'Armée, l'un d'eux, qu'une juste réserve ne me permet pas de nommer ici, prit la parole, et, dans le langage élevé que vous connaissez, avec l'autorité de la science et des grands services, rallia tous les suffrages. Le Colonel PERRIER fut porté, à l'unanimité des voix, sur la liste de présentation au Ministre.

Et maintenant, Messieurs, notre affliction redouble, notre cœur se serre à la pensée que celui qui avait si bien mérité de la Science et de l'Armée n'est plus, et que nous allons confier à la terre sa froide dépouille. La mort inexorable est venue l'enlever brusquement à sa renommée, à sa haute position, à son fils unique, aujourd'hui deux fois orphelin.

Ne nous demandons pas pourquoi a été tranchée si tôt cette vie si bien remplie, et qui promettait encore une riche moisson. Ne laissons pas la plainte monter à nos lèvres. Chrétien, ma foi s'incline devant les décrets de Dieu, et je dépose ici tristement, sur le cercueil de celui qui fut mon camarade et mon ami, en lui adressant mon dernier adieu, le tribut de mon souvenir et de mes regrets.

DISCOURS

DE

M. LE COMMANDANT BASSOT

Chef de la Section de Géodésie,

Représentant le *Service Géographique.*

Adjoint dès 1870 au général Perrier, associé depuis dix-huit ans à tous ses travaux, confident de sa pensée intime, je dois à ce long commerce, à l'affection réciproque née et développée entre nous dans de longues et lointaines campagnes, le douloureux honneur de représenter ici le Service Géographique, et de dire en son nom le dernier adieu à son chef bien-aimé.

Vous avez entendu juger le soldat, apprécier le savant ; je veux vous parler de l'homme, vous dire comment il savait commander par l'exemple, quelle vive et respectueuse affection il inspirait à tous ceux qui servaient sous ses ordres.

La situation hors de pair, la haute influence qu'avait acquises notre regretté Général, il les devait à ses remarquables qualités natives ; il ne les avait conquises qu'au prix d'un labeur assidu, par le constant exercice d'une volonté toujours vigilante.

Patient et tenace, il grandissait dans les difficultés, excitant les uns, ranimant les autres avec sa bienveillance et sa bonne humeur inaltérables.

Marchant droit au but qu'il s'était fixé dès l'origine de sa carrière, il n'a eu, sa vie entière, d'autre souci que le devoir qu'il s'était imposé : relever le Service Géographique, le faire revivre, lui redonner son ancien lustre, doter la France d'un établissement qui pût marcher de pair avec les établissements rivaux de l'Europe. C'était une noble entreprise. Il l'a presque réalisée ; mais il est parti avant l'heure, sans avoir pu achever son œuvre. Il rêvait de réunir en un seul faisceau tous les services publics touchant à la Géographie et d'en faire un grand Institut national.

Jusqu'au dernier jour il a travaillé ; la veille encore de sa mort, l'esprit toujours puissant et lucide, il terminait et datait de Montpellier un important travail destiné à assurer le service des Cartes aux Armées en temps de guerre.

Grand exemple pour ceux qui restent, pour les modestes ouvriers qu'il avait presque tous instruits et formés, et que sa mort inattendue a si cruellement frappés.

On l'aimait, cet homme énergique et vaillant, on l'aimait parce qu'il était simple et bon.

Nous avons vu, il y a quelques semaines à peine, son cœur saigner à la pensée d'être obligé, par suite de nécessités budgétaires, de renvoyer quelques employés de son service. L'impression qu'il en ressentit fut si vive, qu'elle n'est peut-être pas étrangère à sa fin.

Le souvenir de ce chef éminent, de cet homme juste et bon, restera vivant au cœur de tous.

L'affection qu'il avait inspirée n'est pas morte avec lui. Elle se reporte sur ce fils désolé, qui fut la passion de sa vie.

Vous le savez déjà, mon cher Enfant, mais je tiens à vous le redire publiquement ici, celui que vous pleurez, nous l'aimions un peu comme des fils, et le dernier hommage que nous rendrons à votre père, à notre Général, celui qui devra lui paraître le plus doux, sera de vous aimer tous comme si nous étions vos frères aînés.

Au nom du Service Géographique, au nom de tous, officiers et fonctionnaires civils, adieu, mon Général, adieu !

DISCOURS

DE M. GAZAGNE

Vice-Président du Conseil Général du Gard.

MESSIEURS,

Je représente ici le Conseil Général du Gard. A ce titre me revient le douloureux honneur de dire, au nom de tous mes Collègues, un dernier adieu à celui qui fut notre Président pendant six ans, et de rendre un suprême hommage à l'homme éminent dont le souvenir ne sera oublié par aucun de nous.

Cet honneur est aussi pour moi un précieux devoir que j'ai tenu à remplir.

Le Général PERRIER m'avait honoré de son amitié et j'ai pu apprécier ses rares qualités de cœur et d'esprit.

Pardonnez l'émotion que fait naître en moi ce souvevenir. Vous la partagez tous devant cette tombe ouverte pour recevoir la dépouille mortelle d'un compatriote qui a rendu de si grands services à son pays et qui était appelé à lui en rendre de plus grands encore, si la mort inexorable ne l'avait pas frappé à la fleur de son âge.

D'autres vous ont dit ou vous diront ce que valait le

général PERRIER comme savant et comme militaire. A moi de vous parler de ses vertus privées, de l'amour qu'il avait pour son pays et du tact bien rare dont il savait faire preuve dans notre assemblée départementale, si difficile à modérer et à diriger.

Il arriva parmi nous précédé d'une réputation méritée. Il n'était pas de ceux qui cherchent à faire de la politique une profession. Ses concitoyens de Valleraugue, son pays natal, lui avaient offert, sans sollicitation de sa part, un mandat qui était le couronnement d'une carrière scientifique et militaire déjà noblement remplie.

Personne n'ignorait au Conseil Général qu'il était un des membres distingués de l'Institut. Ses amis savaient que, simple capitaine d'État-Major, il avait eu l'insigne honneur de succéder au maréchal Vaillant au Bureau des Longitudes, avec l'appui de M. Leverrier, qui, le trouvant d'abord trop jeune pour briguer un pareil poste, lui offrit sa protection quelques instants après, parce qu'il venait de reconnaître, dans une discussion intime, sa haute valeur scientifique.

Il débutait donc dans la vie publique avec une autorité particulière que rehaussaient d'autres qualités séduisantes.

Républicain convaincu, il avait des opinions aussi fermes que sages. Bon, simple comme tous les esprits supérieurs, serviable sans ostentation, il sut se faire estimer autant que respecter de tous ses Collègues, sans distinction d'opinions.

De tels hommes honorent un département et sont faits pour remplir un rôle de premier rang, rôle de modérateurs et de conciliateurs, dont nous aurions tant besoin dans nos Assemblées parlementaires.

Voilà pourquoi le Conseil Général s'inclina devant l'autorité du Général PERRIER et la proclama en l'élevant à la Présidence. Pas un de nous qui ne fût fier de le voir à notre tête, toujours plein de zèle pour les intérêts de notre département.

On était étonné autant que ravi de voir un membre de l'Institut de France, descendu des hauteurs scientifiques, se livrer avec la plus soigneuse patience aux plus humbles détails administratifs.

Lui qui avait fait la jonction géodésique et astronomique de l'Espagne avec l'Algérie, savait avec la même sollicitude s'occuper des plus minimes intérêts de sa commune, de son canton et du département, d'un simple chemin vicinal et des vœux les plus modestes.

Pour ces natures privilégiées, rien n'est petit, tout mérite attention.

Mais, toujours animé de l'esprit de découverte et de progrès, il ne laissait jamais échapper l'occasion de réaliser et d'appliquer ce que ses méditations studieuses lui avaient enseigné.

Souvenez-vous de l'ardeur et du zèle qu'il avait apportés à la création d'un Observatoire sur le pic de l'Aigoual ; il était passionné pour cette œuvre qu'il a vu terminer, sans jouir, hélas ! du profit qu'il espérait en tirer pour la science et pour l'utilité de nos régions méridionales et des Cévennes qu'il aimait tant.

Le Général PERRIER était avant tout l'homme du devoir, et il nous a laissé un bel et regrettable exemple en venant, malgré sa maladie, à notre dernière session extraordinaire du Conseil Général.

C'était un esprit d'élite ; la France a perdu en lui un de ses plus glorieux enfants, à l'heure où elle aurait besoin de conserver tous ceux qui ont de l'honneur dans l'âme et du patriotisme dans le cœur, et le département du Gard fait une perte irréparable qui nous force de dire à sa famille désolée : Nous nous associons à votre douleur, laissez-nous pleurer avec vous.

DISCOURS

DE M. P. GRIMANELLI

Préfet du Gard.

Messieurs,

Quand j'ai reçu cette nouvelle si désolante et si imprévue : Le Général Perrier est mort ! mon premier sentiment a été un sentiment de révolte contre la réalité, mon premier mouvement a été de chercher à me convaincre, contre l'évidence même, que j'étais le jouet de quelque erreur, de quelque confusion possible, que peut-être j'allais me réveiller d'un horrible rêve. Lorsque le malheur est trop grand et qu'il vient ainsi nous surprendre comme un coup de foudre, nous cédons tout d'abord à un irrésistible besoin de ne pas croire et de nier. Mais, hélas ! l'affreuse vérité est là, qui ne tarde pas à s'imposer à nous pour nous accabler.

La Mort a toujours la main lourde : elle ne respecte ni les plus graves intérêts, ni les plus nobles affections, ni les liens les plus sacrés. Mais elle a rarement paru plus aveugle et plus cruelle qu'aujourd'hui. Car cette fois, outre qu'elle ne nous avait nullement préparés à recevoir ses coups, elle a pris pour victime un des meilleurs parmi les meilleurs, un homme adoré des siens, aimé de tous, un des plus précieux serviteurs de la Patrie, de la Science et de la République.

Hier encore, pour ainsi dire, nous l'avons vu à Nimes, plein d'ardeur à son poste de travail et, comme toujours, prodigue de ses forces et de sa santé pour le service de ses concitoyens. Hier encore, je siégeais à ses côtés devant le Conseil Général du Gard et j'admirais une fois de plus la merveilleuse souplesse de son esprit, la puissance de travail, et la richesse de cœur qu'il ne cessait de dépenser pour le bien public. Hier encore, je serrais avec joie sa loyale main, qui était pour moi celle d'un ami.

Aujourd'hui, c'est devant son cercueil, en présence d'une foule consternée comme moi-même, au milieu du funèbre appareil de la mort, que je suis réduit à adresser la suprême parole à cet homme éminent qui était aussi un homme excellent. Comment exprimer l'intensité d'émotion qui résulte d'un rapprochement pareil? Qui dira tout ce qu'il y a de douloureux et de poignant dans ces contrastes, dans ces terribles surprises de la destinée humaine?

Il faut cependant trouver en nous le courage et la force de faire violence à notre douleur, pour rendre à celui qui nous quitte l'hommage qui lui est dû.

Le Général Perrier nous a offert le type rare de l'homme complet: soldat, savant et citoyen. Il appartenait à de plus autorisés de retracer sa noble carrière militaire, et de louer, comme ils le méritent, ses remarquables travaux scientifiques. De plus compétents que moi pouvaient rappeler les inappréciables services rendus chaque jour par lui à l'Armée française sous des titres divers, et plus récemment sous le titre de Directeur du Service Géographique du Ministère de la Guerre, ou expliquer les belles études géodésiques qui ont déterminé d'abord et justifié de plus en plus ensuite son entrée au Bureau des Longitudes et à l'Institut de France.

Je ne saurais non plus, aussi bien qu'un ami de la première heure, raconter avec toute l'exactitude nécessaire sa vie, trop courte, hélas ! mais si bien remplie, dont le souvenir demeurera vivace et profond, des Cévennes à la Mer, dans ce département du Gard, qu'il aimait tant et qu'il a tant honoré. Laissez-moi dire simplement en quelques mots ce que j'ai connu de cette nature d'élite, de ce bon Français, de ce loyal et ferme républicain, de notre cher Président, comme nous aimions à l'appeler.

Droiture et bonté, tel était le fond de l'homme que nous pleurons. Chez lui, la hauteur de l'intelligence, la variété du savoir, le charme de l'esprit, l'affabilité des manières, apparaissaient surtout comme la parure d'un noble caractère et d'un grand cœur. Nul ne fut plus affectueux envers ses amis, plus bienveillant envers tous, plus sévère envers lui-même. Pour lui-même, il ne connaissait que la règle du devoir, dont il était plutôt porté à exagérer la rigueur ; pour les autres, il était largement humain, indulgent, et, pour parler notre langue républicaine, fraternel. Il avait la vertu aimable, communicative, séduisante. On ne pouvait l'approcher sans être conquis.

Ceux qui lui tenaient de tout près par les fibres les plus intimes de son cœur pourraient seuls dire les trésors de tendresse qu'il réservait aux siens. Mais ce que nous pouvons tous attester, c'est son amour profond pour la France. Il l'a dignement servie comme soldat. Comme savant, c'est encore à elle qu'il consacrait le meilleur de ses pensées et de ses travaux.

Il avait réellement le culte, la religion de la patrie française. Il croyait en elle ; sa foi était agissante, car il travaillait passionnément pour elle. Chargé d'une importante partie de notre préparation militaire, il apportait dans l'accomplissement de sa tâche, avec une compétence incontestée, cette fièvre de travail qui rappelait les grands laborieux de la *Révolution française.* Aussi ce deuil d'aujourd'hui est-il à juste titre un deuil public. La France pleure un de ses meilleurs fils : elle avait reçu beaucoup de lui, elle pouvait attendre de lui encore davantage.

Le Cévénol a deux passions au cœur, sans compter le patriotisme, deux passions robustes comme sa forte race elle-même, l'amour jaloux de la liberté, l'attachement obstiné au sol natal.

Le Général Perrier n'avait pas seulement des opinions démocratiques, il avait l'âme républicaine. La République avait en lui un champion courageux, sûr, éprouvé, et, de plus, il était de ces hommes qui ont le bonheur d'être un argument vivant en faveur de la cause qu'ils défendent et dont le caractère désarme l'hostilité.

Ce convaincu, ce militant, était aussi un tolérant. Il

pratiquait la fraternité. Il ne cessait de prêcher l'union, et avait souvent l'heureuse chance de la faire. C'était sa meilleure récompense.

Il n'est pas douteux qu'il n'ait contribué pour sa bonne part aux progrès de l'idée républicaine dans le Gard. Il était l'honneur de la démocratie de ce département, féconde du reste, dans le passé et dans le présent, en hommes vaillants et vraiment distingués.

Enfant du Gard, le général PERRIER, suffisant à de multiples devoirs, savait concilier le service de l'État et de la Science avec celui des intérêts locaux qui lui étaient chers. Appelé par les libres et unanimes suffrages de son canton à le représenter au Conseil Général, qui ne tarda pas à le placer à sa tête, il donnait au département ses lumières qui étaient précieuses, son activité qui n'était jamais lasse, son crédit qui était considérable. Avec une sollicitude toujours égale, avec un goût éclairé des grandes affaires et avec ce soin des petites et du détail qui est la générosité des grands esprits, il était toujours prêt à payer de sa personne pour mener à bonne fin une œuvre utile, soutenir de justes demandes, obtenir une réparation ou réaliser un progrès. Aussi obligeant envers les particuliers que dévoué au bien public, il rendait service avec cette simplicité et cette parfaite aisance qui doublent le prix et le charme d'un bienfait, et qui réussissent quelquefois jusqu'à décourager l'ingratitude.

Dans ces derniers temps, il avait eu à cœur de doter la science d'un instrument précieux dont son pays natal devait plus particulièrement bénéficier.

Je veux parler de l'Observatoire météorologique de

l'Aigoual. C'est, avant tout, à ses efforts et à sa triomphante persévérance que nous devons le succès final de cette entreprise. Il se faisait d'avance une fête d'assister à l'inauguration de son Observatoire. Hélas ! la Mort a été plus prompte que les mains diligentes appliquées à l'exécution de l'ouvrage. Quand on inaugurera l'OBSERVATOIRE PERRIER, le souvenir seul du Général sera présent.

Les collègues du Général PERRIER, parmi lesquels, quelle que fût son indépendance d'esprit, il ne comptait que des amis personnels, sont peut-être mieux placés que moi pour attester les rares qualités qu'il a montrées comme Président du Conseil Général du Gard. Sans parler de l'impartialité et de la courtoisie qui sont les vertus élémentaires de la Présidence, tous lui reconnaissaient ce mélange de fermeté et de douceur, cette autorité que donnent le caractère et les services rendus, ce tact parfait, cette présence d'esprit et cette bonne humeur qui en sont les précieux attributs.

Joignez-y une grande connaissance des affaires et l'art de collaborer discrètement aux travaux d'une assemblée sans gêner en aucune façon sa spontanéité, et vous n'aurez encore que la moitié du secret de son succès. C'est qu'il était avant tout le Président aimé, c'est que sa principale force était l'impossibilité où l'on était de ne pas l'aimer ! Et je ne serai démenti par personne quand je dirai que ses adversaires politiques eux-mêmes, qui connaissaient bien la fermeté de son républicanisme, subissaient de bonne grâce le charme de cette nature sympathique et généreuse.

Voilà l'homme que nous perdons si prématurément,

peut-être parce qu'il a voulu exiger de ses forces physiques pour le service du département, dans une circonstance récente, plus qu'elles ne pouvaient donner. Plus nous lui rendrons justice et plus cuisante sera notre douleur.

Mais que penser alors de celle que doit éprouver sa famille, dont le malheur est tel qu'il défie toute tentative de consolation ! Non, ce ne sont pas des consolations que je lui offrirai, mais simplement, car, que puis-je de plus ? l'expression navrée d'une sympathie aussi impuissante, hélas ! que profonde.

Cependant je dirai un mot à ce jeune fils, plus cruellement frappé que tous ! Pleurez ce père, pleurez-le de toutes vos larmes ; mais n'oubliez pas que vous lui devez autre chose que des larmes : vous lui devez de vous préparer virilement à porter dans la vie le noble nom qu'il vous laisse. — Le souvenir de ses vertus, de ses talents et de ses services, les exemples qu'il vous a donnés, l'hommage de vénération que ses concitoyens ne cesseront de rendre à sa mémoire, sont comme autant de créanciers exigeants envers lesquels il faudra vous acquitter. Mais je suis bien sûr, je sais, que vous serez à la hauteur de vos devoirs : vous serez le digne fils du Général Perrier, dont vous étiez le plus cher espoir.

SERVICE
GÉOGRAPHIQUE
DE L'ARMÉE

CABINET

Paris, le 20 février 1888.

ORDRE

Le Service Géographique vient de faire une perte immense, irréparable, aussi cruelle qu'inattendue. Le Général PERRIER, son vaillant et sympathique Directeur, est mort la nuit dernière à Montpellier.

Savant de premier ordre, soldat vigoureux et énergique, administrateur de haute valeur, le Général PERRIER joignait à ces brillantes qualités une bienveillance et une bonté inaltérables dont il nous a donné mille preuves, et qui le faisaient aimer de tous ceux qui l'approchaient. Aussi le Service Géographique, auquel il avait su donner, grâce à ses précieuses qualités et à une volonté éclairée, un développement considérable, était-il à juste titre fier de ce chef éminent, auquel il avait toutes raisons d'accorder sans réserve son dévouement et son affection. Sa mort laisse au milieu de nous un vide immense. C'est une perte considérable pour la Science et pour l'Armée.

C'est avec la plus vive douleur que le Colonel, sous-directeur, porte cette triste nouvelle à la connaissance du personnel militaire et civil du Service Géographique ;

son émotion et ses regrets seront certainement partagés par tous.

Par ordre de M. le Général chef d'État-Major général, une députation de quatre officiers :

MM. le commandant Bassot,
le commandant Fribourg,
le capitaine Defforges,
le capitaine Brullard,

se rendra à Montpellier pour assister aux obsèques de notre si regretté Directeur.

Le Colonel, Sous-Directeur,
Signé : Foucher.

ALLOCUTION DE M. JANSSEN

A l'ouverture de la Séance du 20 *février* 1888, M. Janssen, *Président de l'Académie des Sciences de Paris, annonce en ces termes la mort du* Général Perrier :

Messieurs,

Une lettre que je reçois à l'instant de M. Faye m'annonce une nouvelle qui surprendra bien douloureusement l'Académie : le Général Perrier est mort.

Je suis encore sous le coup de l'émotion que me cause cette nouvelle si inattendue et si cruelle pour moi. J'étais, en effet, particulièrement lié avec notre Confrère. J'aimais en lui ce caractère loyal, énergique, passionné pour la grandeur de son pays. J'admirais la persévérance de cette volonté qui l'avait conduit à exécuter une si longue suite de remarquables travaux, et qui avait fait du petit officier, modeste adjoint du colonel Levret, le Général Directeur du grand Service Géographique de l'Armée, le restaurateur de la Géodésie française et son représentant le plus éminent à l'étranger.

Je n'aurais pas en ce moment, Messieurs, la présence d'esprit nécessaire pour analyser ici tous les travaux de notre Confrère. Mais d'ailleurs, est-ce bien nécessaire ? Les plus importants ne sont-ils pas dans toutes les mémoires ? Ne vous rappelez-vous pas encore l'émotion de satisfaction que le pays tout entier a ressentie quand il apprit la réussite complète de cette opération géodésique grandiose qui unissait l'Espagne à notre Algérie par-dessus la Méditerranée, et faisait passer par la France un arc de méridien s'étendant du nord de l'Angleterre jusqu'au Sahara, c'est-à-dire un arc dépassant en étendue les plus grands arcs mesurés jusqu'alors ?

Ce beau résultat frappa tous les esprits et rendit le nom de Perrier populaire. Mais combien ce succès avait été préparé par de longs et consciencieux travaux qui ne lui cèdent point en importance : la triangulation et le nivellement de la Corse et son rattachement au continent; les belles opérations exécutées en Algérie, qui ont demandé quinze années de travail et ont conduit à la mesure d'un arc de parallèle de près de 10° d'étendue, arc qui offre un intérêt tout particulier pour l'étude de la figure de la terre ; et encore cette revision de la méridienne de France, pour laquelle on a su utiliser tous les progrès réalisés depuis le commencement du siècle dans la construction des instruments et dans les méthodes d'observaion et de calcul ! Et il faut ajouter que le Général Perrier avait su faire École, qu'il avait formé des savants et dévoués officiers qui furent ses collaborateurs et sur lesquels nous comptons maintenant pour continuer son œuvre.

Aussi les mérites du Général Perrier avaient-ils fixé d'une manière toute particulière l'attention du Département de la Guerre et l'avaient-ils déterminé à lui confier un poste qui a, aujourd'hui, une importance considérable ; je veux parler de ce grand Service Géographique comprenant : la Géodésie, la Topographie, la Cartographie. Entre les mains de notre Confrère, ce service avait été complètement transformé et avait pris les plus grands développements ; il rendait d'inappréciables services à l'Armée et au Pays.

Il est cruel de penser que ce poste si important va être privé de celui qui en était l'âme, et que notre Confrère nous est enlevé en pleine force et au moment où nous nous plaisions à compter sur son énergique patriotisme. Souhaitons que la perte que nous faisons, et qui est si grande pour la Science et l'Académie, ne soit pas irréparable pour l'Armée et pour la France.

Messieurs, je lève la séance en signe de deuil.

François PERRIER

Général de Brigade,

Directeur du Service Géographique de l'Armée,

Membre de l'Institut (Académie des Sciences),

Membre du Bureau des Longitudes,

Président du Conseil Général du Gard,

Commandeur de la Légion d'Honneur,

Officier de l'Instruction publique,

Titulaire de 2e classe de l'Ordre de Saint-Stanislas de Russie,

Commandeur de l'Ordre de la Rose du Brésil.

Né à Valleraugue (Gard), le 18 avril; 1833 décédé à Montpellier, le 20 février 1888.

96

www.ingramcontent.com/pod-product-compliance
Ingram Content Group UK Ltd.
Pitfield, Milton Keynes, MK11 3LW, UK
UKHW032009260826
14628UKWH00005B/2378

9 782329 558769